CW00458840

Hiraeth am y seren
A CHAROLAU ERAILL

E Olwen Jones

Y geiriau a'r gerddoriaeth gan E Olwen Jones,
heblaw 'Amen' – traddodiadol Negroaidd,
trefniant E Olwen Jones

Pob cân © Cyhoeddiadau Sain

Argraffiad cyntaf: Gorffennaf 2016

Golygydd: Gwenan Gibbard

ISBN 978-1-910594-39-1

Diolch i Gwenan Gibbard am bob cefnogaeth
a chyngor, ac hefyd i Bedwyr a phawb yn Sain.
E Olwen Jones

cyhoeddiadau**SAIN**

CANOLFAN SAIN, LLANDWROG, CAERNARFON, GWYNEDD LL54 5TG
ffôn/tel + 44 (0) 1286 831.111   ffacs/fax + 44 (0) 1286 831.497
www.sainwales.com   sain@sainwales.com

Cynnwys

Hiraeth am y seren

Yn hamddenol

1.Mae hir - aeth am y se - ren ddis

gleir - iodd o'r nef, gan ar - wain y Doeth - ion i

Feth - le - hem dref. Mae ang - en go-leu-ni hedd - iw gan

un se - ren wych, i'n har - wain ni e - to at

6

le - ty yr ych. Ha - le - liw - ia, Ha - le -
liw - ia, rhodd-wn glod i Geid - wad byd.

2. Mae hiraeth am fugeiliaid uwch Bethlehem liw nos,
   yn barod i warchod eu praidd ar y rhos.
   Mae angen bugeiliaid heddiw i warchod ein byd,
   a'n harwain drwy'r hirnos at ymyl y crud.

   Haleliwia, Haleliwia,
   Rhoddwn glod i Geidwad byd.

3. Mae hiraeth am y doethion â'u gwych drysorau drud,
   yn talu gwrogaeth i'r Crist yn ei grud.
   Mae angen ymroddiad heddiw gan ddoethion ein dydd
   i drechu pob Herod sy'n herio ein ffydd.

4. Mae hiraeth am gael heddwch rhwng gwledydd yr holl fyd,
   nesawn at y preseb, ymgrymwn ynghyd.
   Rhown foliant i'r baban bychan yng nghwsg ar lin Mair,
   addolwn ein Ceidwad, dilynwn y Gair.

Dim ond un

Yn gymhedrol

1. Dim ond un ser - en o holl sêr y nef ar - wein - iodd y Doeth - ion i
2. Dim ond un neg - es gan ang - el o'r nef, "Ewch ar frys___ fu - geil - iaid, i

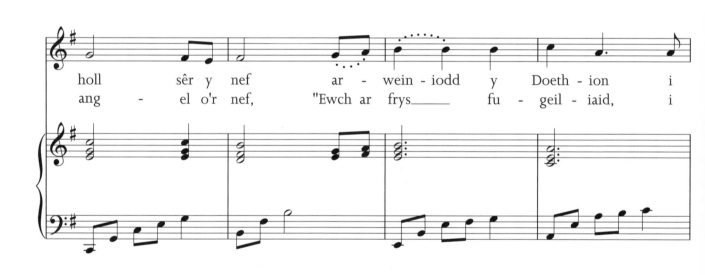

Feth - le-hem dref. Y tri ar eu glin - iau yn
Feth - le-hem dref." Aent hwyth - au mewn syn - dod i

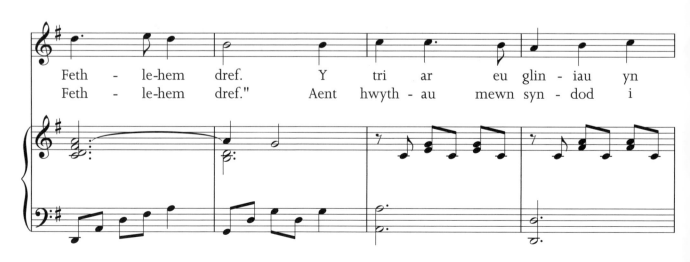

rhoi eu trys - or - au i'r mab mewn cad - ach - au, mewn
weld y rhyf - edd - od a chan - fod y Duw - dod yng

pres - eb di - nôd. Dim ond un ser - en, dim ond
nghôl Mair ei fam. Dim ond un ser - en, dim ond

un, dim ond un. 3.Dim ond
un, dim ond un.

un ba - ban yng nghwsg yn y gwair, ddaeth i'r

byd yn War - ed - wr, hwn oedd y Gair, Down

e - to e - le - ni yng - hyd i glod - for - i go -

gon - iant y Ge - ni ym Meth - le - hem dref. Cawn

ser - en yn ar - wydd, mae'r ne - ges fel new - ydd yn

llawn o law - en - ydd, rhown fawl i - ddo ef. Dim ond

un ba - ban, dim ond un, dim ond un.

Carol y gwyliau

1.Daeth e - to Ŵyl y
2.Daeth e - to Ŵyl y
3.Daeth e - to Ŵyl y

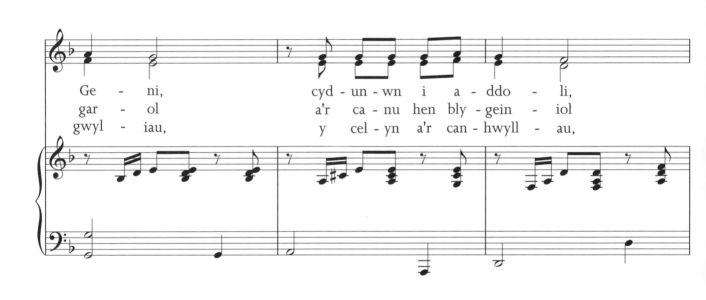

Ge - ni, cyd - un - wn i a - ddo - li,
gar - ol a'r ca - nu hen bly - gein - iol
gwyl - iau, y cel - yn a'r can - hwyll - au,

uwch pre - seb y go - leu - ni ym Meth - le'm
am e - ni'r ba - ban dwy - fol, mab by - chan
y ba - ban mewn ca - da - chau, plen - tyn di -

dref.
Mair.
nam.

Di - lyn - wn nin-nau'r se - ren,
Fe gof-iwn am y doeth - ion
Yr ang-el yn lle-fa - ru,

at le - ty llwm yr y - chen,
yn dy-fod ag an - rheg - ion,
bu-geil-iaid yn rhy - fe - ddu,

Ply - gwn,
Drud - fawr
Can - fod

cof - iwn
dry - sor
Duw - dod

y wyrth o'i e - ni ef.
i'r ba - ban yn y gwair.
yng nghwsg ar fron ei fam.

Cytgan:

Ca - - - - nwn fawl

13

i'r Ceid - - wad ddaeth i'n byd,_____ Cyd - law - - - en - - - hawn,_____ ef yw ein go - baith o hyd._____

14

Dagrau Mair

Yn llifo'n araf

2. Mair, Mair, sych dy ddagrau,
   dagrau dicter, pob llety yn llawn.
   Mair, Mair, dacw stabal,
   preseb i'r baban, clyd loches gawn.
   Ave Maria.

3. Mair, Mair, sych dy ddagrau,
   dagrau pryder o eni Mab Duw.
   Mair, Mair, bydd yn wrol,
   cred yn yr Arglwydd, dy gadernid yw.
   Ave Maria.

4. Mair, Mair, sych dy ddagrau,
   gwêl dy blentyn, fe wawriodd y dydd.
   Mair, Mair, clyw'r angylion,
   dagrau llawenydd sydd ar dy rudd.
   Ave Maria.

Dathlu'r Nadolig yn Jamaica

1.Ar nos-wyl Na-do-lig mae

pawb ar dân i dwt - io'r tŷ, pob man yn lân. Rhaid

pa - ra -toi ar gy-fer yr Ŵyl, yn bry - sur iawn a

2. Rhaid codi yn fore cyn toriad gwawr, i'r eglwys awn yn dyrfa fawr.
   Cawn blygu glin i'r Forwyn Fair, rhoi clod i'r baban yn y gwair.

3. Ac yna awn adref yn ôl i'r wledd, i ddathlu geni'r baban hedd.
   A rhannu wnawn anrhegion bach, cyn cychwyn draw i'r awyr iach.

4. Y dyrfa sy'n heidio i ben y stryd, mae'r offerynwyr yno'i gyd.
   A rhythmau'r drymiau'n denu'r traed, mae'r ysfa'i ddawnsio yn ein gwaed.

5. Mewn gwisgoedd amryliw y daw pob un i ddathlu geni Ceidwad dyn.
   Parêd a dawns y masgiau fydd uchafbwynt mawr ar ddiwedd dydd.

Colomen hedd

Yn hamddenol

clwy - do ar y dist - iau praff, yn gweld y cyf - an â'th ly - gaid

craff? Cen - nad Duw yn an - wel - ed - ig, yn daw - el

1.A oedd-et ti'n

Cytgan:

wyl - io dros y ddau flin - ed - ig. Col - om - en hedd, hed e -to dros y

tir, i es - tyn hedd-wch gyd -a'th ddeil -en ir, Tang-nef-edd

Duw a ddaeth i lawr o'r nef, pan an-ed ba-ban Mair ym Meth-le-hem dref.

2. A welaist ti'r baban ar ei wely gwair a dagrau llawenydd ar ruddiau Mair?
   Seren wen uwchben yn gloywi a dim ond asyn bach a'r ych yn gwmni.

3. A sylwaist fod doethion mewn addoliad mud yn gosod anrhegion o flaen ei grud?
   Bugeiliaid mwyn yn dod mewn syndod at ddrws y beudy tlawd a gweld rhyfeddod.

4. A glywaist fod Herod wedi herio'r crud? Ei gysgod sydd eto yn bygwth byd.
   Mewn gobaith down at Ŵyl y Geni,o'n blaen mae seren Bethlehem yn gloywi.

Amen

Yn hamddenol a llyfn

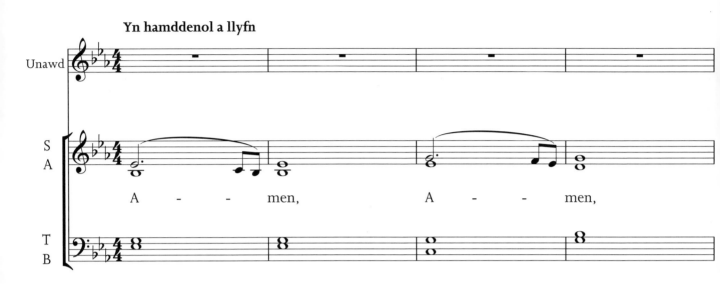

Unawd

S
A

A - men, A - men,

T
B

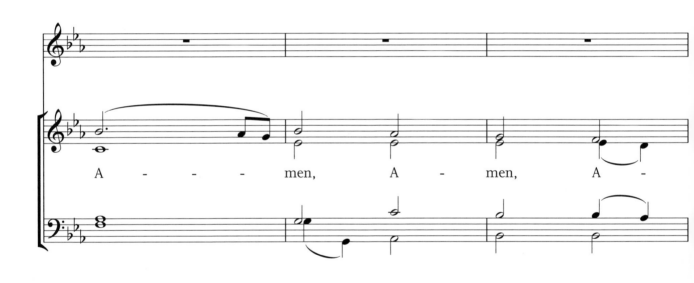

A - - - men, A - men, A -

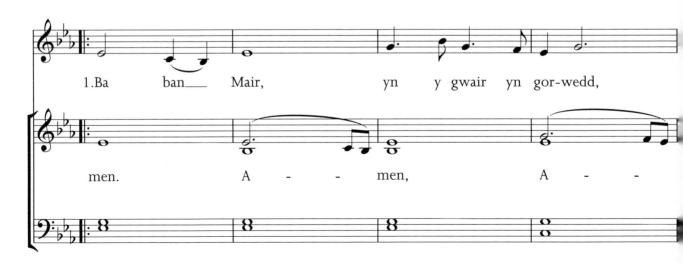

1.Ba ban__ Mair, yn y gwair yn gor-wedd,

men. A - men, A -

Diweddglo

Draw ym Meth- l'em dref.
men, A - - men, A - men, A -

Ha - le - liw - ia, Ha - le - liw - ia.
men. A - - men, A -

rit.

Ha - le - liw - ia. A - men, A - men.
men, A - - men, A - men, A - men.

2. Seren wen, yn y nen yn gwenu,
   uwch y beudy llwm.

3. Doethion dri, gwŷr o fri yn plygu,
   ger y preseb tlawd.

4. Angel gwyn ddaeth at syn fugeiliaid.
   Ganed Ceidwad byd.